RÉGLEMENT

POUR

LES ENFANS.

MONTBÉLIARD,
DE L'IMPRIMERIE DE TH.-FRÉD. DECKHERR.

RÈGLEMENT
OUR LES ENFANS
QUI FRÉQUENTENT
LES ÉCOLES CHRÉTIENNES.

MONTBÉLIARD,
DE L'IMPRIMERIE DE DECKHERR.

ALPHABET.

A b c d e f g h i j k l m
n o p q r s t u v x y z æ
œ ff fi ffi fl ffl.

LES CAPITALES.

A B C D E F G H I J
K L M N O P Q R S
T U V X Y Z Æ OE.

Lettres liées ensemble.

ff fl ffl fi ffi æ œ w.
ff fl ffl fi ffi æ œ w.

Syllabes de deux lettres.

Ba be bé bê bi bo bu.
Ca ce cé cê ci co cu.
Da de dé dê di do du.
Fa fe fé fê fi fo fu.
Ga ge gé gê gi go gu.
Ha he hé hê hi ho hu.
Ja je jé jê ji jo ju.
Ka ke ké kê ki ko ku.
La le lé lê li lo lu.
Ma me mé mê mi mo mu.
Na ne né nê ni no nu.
Pa pe pé pê pi po pu.
Ra re ré rê ri ro ru.

Sa se sé sê si so su.
Ta te té tê ti to tu.
Va ve vé vê vi vo vu.
Xa xe xé xê xi xo xu.
Za zé zé zê zi zo zu.

Syllabes de trois lettres.

Bla ble blé blê bli blo blu.
Bra bre bré brê bri bro bru.
Cha che ché chê chi cho chu.
Cla cle clé clê cli clo clu.
Cra cre cré crê cri cro cru.
Dra dre dré drê dri dro dru.
Fla fle flé flê fli flo flu.
Fra fre fré frê fri fro fru.

Gla gle glé glê gli glo glu.
Gna gne gné gnê gni gno gnu.
Gra gre gré grê gri gro gru.
Gua gue gué guê gui guo guu.
Pha phe phé phê phi pho phu.
Pla ple plé plê pli plo plu.
Pra pre pré prê pri pro pru.
Qua que qué quê qui quo quu.
Spa spe spé spê spi spo spu.
Sta ste sté stê sti sto stu.
Tla tle tlé tlê tli tlo tlu.
Tra tre tré trê tri tro tru.
Vla vle vlé vlê vli vlo vlu.
Vra vre vré vrê vri vro vru.

PREMIÈREMENT.

RE-tour-nez de l'é-co-le à la mai-son sans vous ar-rê-ter par les rues, mo-des-te-ment; c'est-à-di-re, sans cri-er ni of-fen-ser per-son-ne. Au con-trai-re, si l'on vous in-ju-rie et of-fen-se, en-du-rez-le pour l'a-mour de no-tre Sei-gneur, et di-tes en vous-mê-mes : Dieu vous don-ne la grâ-ce de vous re-pen-tir de vo-tre fau-te, et vous par-don-ne com-me je vous par-don-ne.

2. Gar-dez-vous bien de ju-rer et de blas-phé-mer, ni de di-re des pa-ro-les sa-les, ni de fai-re au-cu-ne ac-tion dés-hon-nê-te.

3. Quand vous pas-sez de-vant quel-que croix, ou quel-que I-ma-ge de no-tre Sei-gneur, de no-tre Da-

me ou des Saints, fai-tes u-ne in-cli-na-tion.

4. Quand vous ren-con-trez quel-que per-son-ne de vo-tre con-nais-san-ce, sa-lu-ez-la le pre-mier, par-ce que c'est u-ne ac-ti-on d'hon-nê-te-té.

5. Sa-lu-ez les per-son-nes que vous ren-con-tre-rez, se-lon la cou-tu-me du lieu et se-lon l'ins-truc-ti-on qu'on vous au-ra don-née.

6. Quand vous en-tre-rez

chez vous ou en quel-qu'au-tre mai-son, fai-tes u-ne in-cli-na-tion, sa-lu-ant ceux que vous y trou-ve-rez.

7. Quand vous com-men-ce-rez quel-que ou-vra-ge ou quel-que bon-ne ac-ti-on, fai-tes dé-vo-te-ment le si-gne de la croix, a-vec in-ten-ti-on de fai-re, au nom de Dieu et pour sa gloi-re, ce que vous al-lez fai-re.

8. Quand vous par-lez avec des per-son-nes res-pec-ta-

bles, ré-pon-dez hon-nê-te-ment, a-vec po-li-tes-se: oui, Mon-si-eur, ou Ma-da-me: non, Mon-si-eur, etc. se-lon ce dont on vous in-ter-ro-ge-ra.

9. Si ceux qui ont pou-voir sur vous, vous com-man-dent quel-que cho-se qui soit hon-nê-te, et que vous puis-siez fai-re, o-bé-is-sez leur vo-lon-tiers et promp-te-ment.

10. Quand vous vou-drez

pren-dre vo-tre re-pas, di-tes le Be-ne-di-ci-te, ou au-tre Bé-né-dic-ti-on, a-vec pi-é-té et mo-des-tie, et à la fin de cha-que re-pas di-tes dé-vo-te-men les grâ-ces.

11. Tou-tes les fois que vous nom-me-rez, ou en-ten-drez nom-mer Jé-sus ou Ma-rie, vous fe-rez u-ne pe-ti-te in-cli-na-tion.

12. Gar-dez-vous bien à ta-ble ou ail-leurs, de de-man-der, de pren-dre et de

sous-trai-re en ca-chet-te, ou au-tre-ment, ce qu'on au-ra don-né à man-ger aux au-tres, et mê-me vous ne le de-vez pas re-gar-der avec en-vie.

13. Quand on vous don-ne-ra quel-que cho-se, re-mer-ci-ez hon-nê-te-ment ce-lui ou cel-le qui vous l'au-ra don-née.

14. Ne vous as-sé-yez point à ta-ble, si l'on ne vous le com-man-de.

15. Man-gez et bu-vez dou-ce-ment et hon-nê-te-ment, sans a-vi-di-té et sans ex-cès.

16. Ne sor-tez point de la mai-son sans de-man-der et sans ob-te-nir con-gé.

17. N'al-lez point avec les en-fans vi-ci-eux et mé-chans, car ils vous peu-vent nui-re pour le corps et pour l'â-me.

18. Quand vous a-vez em-prun-té quel-que cho-se,

rendez-la de bonne heure, et n'attendez pas qu'on vous la demande.

19. Lorsque vous aurez à parler à quelque personne respectable qui sera occupée, présentez-vous modestement, attendant qu'elle ait loisir de vous parler, et qu'elle vous parle la première.

20. Si quelqu'un vous reprend, ou vous donne quelque avertissement, re-

mer-ci-ez-le po-li-ment.

21. Ne tu-to-yez per-son-ne, non pas mê-me les ser-vi-teurs et ser-van-tes, ni les pau-vres non plus.

22. Si quel-qu'un de ceux de la mai-son, ou au-tre, dit ou fait quel-que cho-se de dés-hon-nê-te, ou in-di-gne d'un chré-tien en vo-tre pré-sen-ce, re-pre-nez-le a-vec dou-ceur.

23. Quand les pau-vres de-man-dent à vo-tre por-te,

pri-ez vo-tre pè-re ou vo-tre mè-re, ou ceux chez qui vous de-meu-rez, de leur fai-re l'au-mô-ne pour l'a-mour de Dieu.

24. Le soir a-vant que de vous al-ler cou-cher, a-près a-voir sou-hai-té le bon-soir à vos pè-re et mè-re, ou au-tres, met-tez-vous à ge-noux au-près de vo-tre lit, ou de-vant quel-que i-ma-ge, et di-tes les pri-è-res mar-quées dans les de-v irs

des fa-mil-les chré-tien-nes. A-près, pre-nez de l'eau bé-ni-te, et fai-tes le si-gne de la Croix.

25. Le ma-tin en se le-vant, fai-tes le signe de la Croix, et é-tant ha-bil-lé, met-tez-vous à ge-noux, et di-tes les pri-è-res mar-quées en la pa-ge sus-di-te. A-près, al-lez don-ner le bon jour à vos pè-re et mè-re, et au-tres per-son-nes de la mai-son.

26. Tous les jours, si vous le pou-vez, en-ten-dez la sain-te mes-se dé-vo-te-ment, et à ge-noux, et le-vez-vous quand le prê-tre dit l'E-van-gi-le.

27. Quand vous en-ten-drez son-ner l'An-ge-lus, ré-ci-tez dé-vo-te-ment cet-te pri-è-re.

28. So-yez tou-jours prêt d'aller vo-lon-tiers à l'é-co-le, et ap-pre-nez soi-gneu-se-ment les cho-ses que vos

maî-tres et maî-tres-ses vous en-sei-gnent; so-yez-leur bien o-bé-is-sans et res-pec-tu-eux.

29. Gar-dez-vous bien de men-tir en quel-que ma-ni-è-re que ce soit: car les men-teurs sont les en-fans du dé-mon, qui est le pè-re du men-son-ge.

30. Gar-dez-vous sur-tout de dé-ro-ber au-cu-ne cho-se, ni chez vous, ni ail-leurs; par-ce que c'est of-fen-ser

Dieu, c'est se ren-dre o-di eux à cha-cun, et pren-dre le che-min d'u-ne mort in-fâ-me.

31. Pré-sen-tez-vous vo-lon-tiers et sou-vent à la con fes-sion et à la com-mu-ni-on, y é-tant bien pré-pa-ré, a-fin que vous de-ve-niez à tou-te heu-re plus dé-vot et plus sa-ge, fu-yant le pé-ché et ac-qué-rant les ver-tus.

32. En-fin tous vos prin-

ci-paux soins et dé-sirs, tan-dis que vous vi-vez en ce mon-de, doi-vent vi-ser à vous ren-dre a-gré-a-ble à Dieu, et à ne point l'of-fen-ser, a-fin qu'a-près cet-te vie mor-tel-le vous puis-siez é-vi-ter l'en-fer et pos-sé-der la gloi-re du Pa-ra-dis. Ain-si soit-il.

Les Bé-né-dic-ti-ons que Dieu don-ne aux En-fans qui sont pi-eux et res-pec-tu-eux en-vers leurs pè-re et mè-re.

Ho-no-re ton pè-re et ta

mè-re, a-fin que tu vi-ve
long-temps sur la ter-re
Cet-te pre-mi-è-re bé-né-
dic-ti-on don-ne l'es-pé-ran
ce d'u-ne lon-gue et heu-
reu-se vie.

Ce-lui qui ho-no-re sor
pè-re et sa mè-re se-ra jo-
yeux et con-tent en ses en-
fans, et se-ra é-xau-cé a
temps de son o-rai-son.

Cet-te bé-né-dic-tion pro
met l'a-lé-gres-se et le con-
ten-te-ment que l'on re-çoi

des en-fans. Nous en a-vons un ex-em-ple en Jo-seph fils de Ja-cob, qui, pour a-voir é-té o-bé-is-sant à son pè-re, et pour l'hon-neur qu'il lui a-vait ren-du, re-çut des joies et des con-ten-te-mens très-grands de ses pro-pres en-fans, les-quels fu-rent aus-si bé-nis de Ja-cob leur grand-pè-re, en la pré-sen-ce de Jo-seph leur pè-re.

Ce-lui qui ho-no-re son

pè-re et sa mè-re, s'a-mas-se un tré-sor au ciel et en la ter-re.

Cet-te bé-né-dic-tion re-gar-de les biens spi-ri-tu-els et tem-po-rels que Dieu don-ne aux bons en-fans. De quoi Sa-lo-mon nous ser-vi-ra d'e-xem-ple le-quel por-ta tou-jours beau-coup d'hon-neur à son pè-re et à sa mè-re : c'est pour-quoi il vé-cut très-heu-reux et très-ri-che, sur un trô-ne flo-ris-sant; com-me Ab-sa-lon son fré-re, pour a-voir dé-so-bé-i et mal-trai-té son pè-re, fut per-cé de trois dards, et tu-é par Jo-ab, gé-né-ral de l'ar-mée de Da-vid.

Ce-lui qui ho-no-re son pè-re et sa mè-re, se-ra rem-pli de grâ-ces cé-les-tes jus-qu'à la fin. Cet-te bé-né-dic-ti-on con-cer-ne les biens spi-ri-tu-els, de la-quel-le nous avons un mer-veil-leux e-xem-ple en Ja-cob, fils d'I-sa-ac qui a-yant é-té bé-ni de son pè-re, fut é-lu de Dieu et très-a-gré-a-ble à sa di-vi-ne ma-jes-té, et rem-pli de tou-tes sor-tes de grâ-ces. Au con-trai-re, son frè-re E-sa-ü fut mal-heu-reux et ré-prou-vé. Ho-no-re ton pè-re, a-fin que la bé-né-dic-ti-on du ciel des-cen-de sur toi et que tu sois bé-ni. Dieu don-ne par-ti-cu-li-è-re-ment cet-te bé-né-dic-ti-on aux en-fans o-bé-is-sans. Mais qu'est-ce au-tre cho-se, ê-tre bé-ni de Dieu, si-non re-ce-voir de lui sa sain-te grâ-ce, par le mo-yen de la-quel-le nous lui a-gré-ons com-me ses en-fans.

Les ma-lé-dic-ti-ons que Dieu ful-mi-ne sur les en-fans qui ne por-tent ni hon-neur ni o-bé-is-sance à leurs pè-res et mè-res.

Que ce-lui qui mau-di-ra son pè-re ou sa mè-re meu-re de mau-vai-se mort, et que son sang soit sur lui:

cet-te ma-lé-dic-ti-on est con-fir-mée par la bou-che de Dieu.

Au-quel lieu Dieu com-man-de que si quel-que pè-re est si mal-heu-reux que d'en-gen-drer un fils dé-so-bé-is-sant, re-bel-le et per-vers, que tout le peu-ple de la vil-le mas-sa-cre à coups de pier-res ce mé-chant en-fant, et le fas-se mou-rir. A ces pa-ro-les, mau-dit soit ce-lui qui n'ho-no-re pas son pè-re et sa mè-re, le peu-ple ré-pon-dit. *Amen.*

Mon cher Enfant vous connaissez vos lettres, vous savez épeler des syllabes et des mots, il faut maintenant apprendre à lire. Travaillez à cela avec courage, pour devenir un bon Chrétien, et pour savoir mettre ordre à vos affaires.

Faites usage de votre raison, et concevez que Dieu vous a créé pour le connaître, l'aimer et le servir, et, par ce moyen, arriver à la vie éternelle.

Il faut auparavant passer par cette vie mortelle, où vous voyez et verrez que l'on a bien de la peine.

On vous apprendra comment, depuis le péché originel, Dieu a condamné tous les hommes au travail.

Celui qui ne travaille point, et qui ne veut point travailler, ne sert pas Dieu, et ne l'aime pas : car une telle paresse est un péché.

L'homme est né pour travailler comme l'oiseau pour voler.

Celui qui ne veut point travailler, n'est pas digne de manger.

Vous ne savez, mon cher enfant, si votre vie sera longue ou courte.

Travaillez comme si vous deviez vivre long-temps.

Vivez comme si vous deviez mourir bientôt.

Vos parens vous ont donné la

naissance, ils ont pris bien de la peine pour vous pendant que vous ne pouviez ni marcher, ni parler. Ils vous fournissent la nourriture, le vêtement et toutes choses.

Vos chers parens espèrent présentement que vous apprendrez ce qui vous est nécessaire pendant le cours de votre vie.

Saint Enfant Jésus, je vous adore et je vous donne mon cœur; faites-moi la grâce de croître comme vous en sagesse et en vertu à mesure que je croîtrai en âge.

Sainte Vierge, ma bonne Mère, je me mets sous votre puissante protection; donez-moi, s'il vous plaît, votre bénédiction, afin que la volonté de votre

divin Fils s'accomplissent en moi
Ainsi soit-il.

Mon saint Ange Gardien, je vous [salue]
[sa]lue et vous révère de tout mon cœur[...]
vous remercie de vos charitables so[ins]
je vous supplie de me les continuer [au]
jourd'hui et tous les jours de ma vi[e.]

Loué et adoré soit Jésus-Christ [au]
Saint Sacrement de l'autel à jamais.

*BENOIT XIII, en 1729, a acc[ordé]
cent ans d'indulgences toutes les [fois]
que l'on récitera dévotement cette pr[ière]
à l'honneur de l'Immaculée Con[cep]
tion de la Vierge Marie.*

Bénie soit la sainte et Immac[ulée]
Conception de la bienheureuse V[ierge]
Marie. A Jamais.

FIN.

IMPRIMERIE DE TH.-FRÉD. DECKHERR, A MONTBÉLIA[RD.]

On trouve à la même adresse :

Catéchisme historique, contenant en abrégé l'Histoire Sainte et la doctrine chrétienne, par Mr. Fleury, in-16, carré.

Etrennes spirituelles, contenant les exercices ordinaires du chrétien.

Heures nouvelles, contenant les Offices qui se disent à l'église pendant l'année ; en latin et en français.

Heures nouvelles, dédiées à M.me la Dauphine, in-32, gr. caractère.

Heures (petites) paroissiales, contenant les Offices, Vêpres, Hymnes et Proses de l'Eglise, in-32.

Journée (petite) du Chrétien sanctifiée par la Prière, contenant l'ordinaire de la Messe, latin et français, etc.

www.ingramcontent.com/pod-product-compliance
Lightning Source LLC
Chambersburg PA
CBHW060725050426
42451CB00010B/1625